戊戌变法

○主编 金开诚

○编著 尹宿 渌

吉林出版集团

吉林文史出版社

图书在版编目（CIP）数据

戊戌变法 / 金开诚著. —— 长春 ：吉林文史出版社，2011.10（2023.4重印）
（中国文化知识读本）
ISBN 978-7-5472-0877-9

Ⅰ. ①戊… Ⅱ. ①金… Ⅲ. ①戊戌变法 Ⅳ.
①K256.5

中国版本图书馆CIP数据核字(2011)第209615号

戊戌变法

WUXUBIANFA

主编/ 金开诚　编著/尹宿湦

项目负责/崔博华　责任编辑/崔博华　王文亮

责任校对/王文亮　装帧设计/李岩冰　董晓丽

出版发行/吉林出版集团有限责任公司　吉林文史出版社

地址/长春市福祉大路5788号　邮编/130000

印刷/天津市天玺印务有限公司

版次/2011年10月第1版　印次/2023年4月第3次印刷

开本/660mm×915mm　1/16

印张/9　字数/30千

书号/ISBN 978-7-5472-0877-9

定价/34.80元

前言

　　文化是一种社会现象，是人类物质文明和精神文明有机融合的产物；同时又是一种历史现象，是社会的历史沉积。当今世界，随着经济全球化进程的加快，人们也越来越重视本民族的文化。我们只有加强对本民族文化的继承和创新，才能更好地弘扬民族精神，增强民族凝聚力。历史经验告诉我们，任何一个民族要想屹立于世界民族之林，必须具有自尊、自信、自强的民族意识。文化是维系一个民族生存和发展的强大动力。一个民族的存在依赖文化，文化的解体就是一个民族的消亡。

　　随着我国综合国力的日益强大，广大民众对重塑民族自尊心和自豪感的愿望日益迫切。作为民族大家庭中的一员，将源远流长、博大精深的中国文化继承并传播给广大群众，特别是青年一代，是我们出版人义不容辞的责任。

　　本套丛书是由吉林文史出版社组织国内知名专家学者编写的一套旨在传播中华五千年优秀传统文化，提高全民文化修养的大型知识读本。该书在深入挖掘和整理中华优秀传统文化成果的同时，结合社会发展，注入了时代精神。书中优美生动的文字、简明通俗的语言、图文并茂的形式，把中国文化中的物态文化、制度文化、行为文化、精神文化等知识要点全面展示给读者。点点滴滴的文化知识仿佛颗颗繁星，组成了灿烂辉煌的中国文化的天穹。

　　希望本书能为弘扬中华五千年优秀传统文化、增强各民族团结、构建社会主义和谐社会尽一份绵薄之力，也坚信我们的中华民族一定能够早日实现伟大复兴！

目录

一、戊戌变法的兴起

一、戊戌变法的兴起

在戊戌变法前，中国国内的阶级矛盾已经极为尖锐，清政府政治统治极为腐败，地主阶级大量兼并土地，普通农民无地可种，越来越多的人沦为佃农，衣食不保，生活极为悲惨。这段时期，清政府如以往王朝一样，进入由盛而衰的阶段。农民起义此起彼伏，特别是在19世纪中期爆发的太平天国运动，更是席卷了全国，

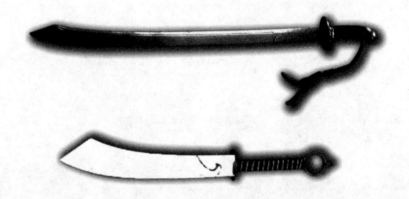

各地频繁爆发农民起义，大大地削弱了
清政府的政治统治，也使中央政府对地
方政府的控制进一步减弱，各个阶层对
政府的领导能力产生了怀疑。甲午中日战
争中，清政府的腐朽无能进一步暴露，各
地的斗争又逐步高涨起来。1895年之后的
几年内，全国各地发生了多次农民暴动和
起义，如1895年湖南浏阳抢米事件，甘肃
回民反清起义等。这些斗争严重动摇了清
政府的统治基础。统治阶级也深深地意
识到自身的政治危机，力图通过政治革
新来谋求转变。

1894年的中日甲午战争，以中国的战败而宣告结束，中国政府签订了丧权辱国的《马关条约》，赔款两亿两白银，并割让台湾、澎湖、辽东半岛给日本。在俄国、德国、法国三国干涉下，日本归还了中国的辽东半岛，但中国必须再支付赎回辽东半岛的费用，白银共计三千万两。以当时清政府的财政状况，支付这笔赎回辽东半岛的费用根本不可能，只好以海关贸易关税收入作为担保向当时的英国、法国、德国各列强举借外债。为此，中国关税完全被各国列强控制。与此同时，依据先前签订的"中法商务条款"和各国的最

惠国待遇，各帝国主义国家争相在中国争夺修筑铁路，获取开采矿山的权利，并纷纷在中国开设工厂、设立银行，掌控了中国的经济与金融命脉。到1897年年末，山东发生了曹州教案，两名德国传教士被杀。德国乘机借口侵占胶州湾（青岛），俄国同时占领了旅顺大连，法国占领了广州湾（今广东湛江），英国占领了山东威海，并要求将香港的殖民地界拓展到九龙和新界。日本也不甘落后，强迫清政府将福建划分为自己的势力范围。列强瓜分中国意图昭然，使当时清朝政府朝野皆感亡国灭种的危机。

在1860年鸦片战争以后，西方文化便开始随着帝国主义的殖民入侵进入了中国。早期以林则徐、魏源为代表的一批先进士大夫成了接受西方启蒙思想的先驱，他们翻译西方的书籍，介绍西方的科学技术。林则徐组织翻译了1836年英国人慕瑞编写的《世界地理大全》，将它改名为《四洲志》，魏源在《四洲志》的基础上

扩展，撰写了《海国图志》，
明确提出了"师夷之长技以制夷"
的口号，并指出如果要抵抗外国列强，必
须先从了解西方列强入手，如要了解列
强，又要想从翻译他们的著作作品开始。
除此之外，同时期翻译作品，还有徐继畬
的《瀛寰志略》，这些都是学习西方启蒙
思想的代表作，这些都成为戊戌变法时
期提出发展资本主义工商业主张最原始
的思想源泉。

第二次鸦片战争以后，民族危机日
益突显，以李鸿章、曾国藩、左宗棠等为
代表的清朝开明绅士通过两次鸦片战争

看到了中国与西方的差距，兴起了以"自强、求富"为目的的洋务运动，在引进西方先进技艺的同时，也引进了西方的文化思想。此时进入中国的西方传教士，不仅带来了西方的先进科学技术，也广泛宣传西方的经济、政治、文化制度。如早在1887年，英国传教士韦廉臣便在中国创办了一个出版机构——广学会，主要介绍西方政治经济文化制度。1890年李提摩太接管广学会，并担任《时务报》主笔，系统向中国介绍了西方的政治、经济、文化等方面的成

就。在这过程中，产生了中国最早的资产阶级改良思想，其中以冯桂芬、王韬、薛福成、郑观应等为代表，他们主张学习西方变法图强，发展资本主义，并在经济上提出较早的工业商业的贸易对抗，在政治上实行君主立宪，这些都对后来参与维新变法的康有为、梁启超等人产生了极大影响。

1898年康有为到北京参加顺天乡试的时候，凭借这次机会，第一次上书光绪皇帝，提出改革变法的政治理念，要求改变国家的施政方略，了解民间状况，改革变法。1895年春天，康有为、梁启超到北京参加会试，刚好是清政府在甲午中日战争中战败，签订了空前丧权辱国的《马关条约》，消息传至北京，应试举人群情激愤，奔走相告。康有为、梁启超联络十八省举人一千三百余人联名上书光绪帝，反对签订《马关条约》，提出拒绝辱国和平，要求迁移京都，整顿和编练新军，实施从上而下的政治革新。历史上把这次举人联合上书行为称为"公车上书"，这次上书虽然遭遇清政府拒绝，但上书的内容辗

转传抄，在社会上激起广泛影响。此后，康有为联合当时的一些开明官僚文廷式、陈炽等以改变变法、增强国力、谋求发展为号召，先后在北京、上海组织强学会，发行《万国公报》，后又改为《中外纪闻》和《强学报》，宣传变法维新、救亡图存。

1896年，梁启超、汪康年、黄遵宪等在张之洞的资助下在上海创办《时务报》，发表了梁启超著名的《变法通议》等维新著述，同一年，曾留学英国的严复在天津创办《国闻报》，连载严复翻译的

《天演论》和《原强》等重要论文，1898年谭嗣同、唐才常等又在湖南创办《湘报》。这些报刊以达尔文进化论思想为武器，敲响民族危亡的警钟，呼吁救亡国家，论述中国自上而下地实施变法维新的必要性与合理性，揭露封建专制制度为中国衰弱落后的最主要根源，大力宣传资产阶级民权思想，批判封建主义旧有思想、旧文化，大力提倡新学，造成的影响遍及全国和各个基层。

受甲午战争中国战败的影响，光绪皇帝深感耻辱，在全国上下、政府内外政治革新、变法图强的影响下，也开始萌生出维新变法思想。1895年，顺天府尹胡橘写了一道名为《条陈变法自强事宜》的奏折，最早向光绪皇帝介绍了日本的明治维新与法国资本主义改革的做法，鼓励光绪皇帝效仿国外进行变法，修建铁路，开办矿场，办理邮政等措施，谋求改变。刑部侍郎李端上《请推广学校折》，从推广新式学校方面，向光绪提出了改革变法的看法。光绪皇帝对这些奏折都详加阅读批示，并产生了强烈的思想共鸣。为更进一步地了解西方各国的具体情况，光绪还时常召见刚出使回国不久的户部侍郎张荫桓，详细询问欧美、日本各国情况。张荫桓每次为皇上讲述各国见闻，光绪皇帝都非常欣喜。光绪皇帝认为张荫桓对启蒙自己的思想有较大的帮助，经常向他咨询学习。在这一时期，康有为也为推动维新变法，连续七次上书光绪帝，深深影响了光绪皇帝。维新思想经过近半个世纪的发展酝酿，在相关阶层的传播推广，为戊戌变法做了思想上的准备。

二、戊戌变法的过程

　　1895年4月，日本与清政府签订《马关条约》的消息传到北京，康有为发动在北京参加考试的一千三百多名举人联名上书光绪皇帝，陈述中华民族危亡的严峻形势，痛批丧权辱国的卖国条约。提出拒绝耻辱的和平，要求把国家的首都迁往西安，重新训练和建立军队，抵御外国列强的侵略，并进行自上而下的政治改革，强盛国力。当时齐集在北京参与科举会

试的十八省举人，看到《马关条约》中中国割去台湾及辽东，并向日本赔款两万万两的消息，一时间群情激奋，4月，康有为、梁启超写给光绪皇帝的万言书，提出拒和、迁都及变法的主张，得到一千多人连署。5月2日，康有为、梁启超二人，带领十八省举人及数千市民，集合在都察院门前要求代奏。因为外省举人到京是由朝廷的公车接送，事件亦被称为"公车上书"。虽然公车上书在当时没有达到直接实质的效果，却形成了国民问政的风气，随后催生了各式各样不同的议政团体。当中由以康有为、梁启超二人发起的强学会最为声势浩大，更曾一度得到皇帝老师翁同龢、南洋大臣张之洞等清朝高级官员的支持。所以1895年以举人为主体发动的"公车上书"活动，揭开了中国资本主义改良运动维新变法的序幕。

公车上书失败后，为了进一步使维新变法在更大的范围和更高的层面得以推广。康有为、梁启超创办《万国公报》，通过介绍资本主义国家的经济情况，继续宣传维新变法。不久，他们联合朝中大臣在北京组织强学会，定期集会演讲。随后，他们又把《万国公报》改名为《中外

纪闻》，作为强学会的机关报发行。维新派的政治团体形成了。新政内容主要涵盖教育、军事等多方面的政策和体制。其最终目标，是推行君主立宪制。康有为向光绪皇帝赠送自己的著作《日本变政考》和《俄罗斯大彼得变政记》，还有李提摩太翻译的《泰西新史揽要》和其他有关各国改革的书。目的在于使光绪皇帝倾向于以明治维新为改革的蓝本，来推动中国的变法改革。

1896年8月，维新变法运动重要的宣传阵地《时务报》在上海创刊首发，成为维新派宣传变法的舆论中心。1897年冬，维新志士严复在天津主编《国闻报》，成为与《时务报》齐名的在北方宣传维新变法的重要阵地。1898年2月，谭嗣同、唐才常等人在湖南成立了强学会，创办了《湘报》。在康有为、梁启超等维新志士的宣传、组织和影响下，凭借当时清政府的内忧外困，全国形成了议论当时时事政

治的新风气。截至1897年，在国内各地已经建立以变法、自强、图存为宗旨的学会三十三个，以学习西学或中西兼顾的新式学堂十七所，出版各类宣传报纸、刊物达到十九种。而到1898年，这类的学会、学堂和报馆达三百多个。形成了国内进行维新变法的宣传舆论氛围。

1897年11月在山东发生了曹州教案，两名德国传教士被杀。德国乘机借口侵占胶州湾（青岛），俄国同时占领了旅顺大连，法国占领了广州湾（今广东湛江），英国占领了山东威海，并要求将香港的殖民

地界拓展到九龙和新界。日本也不甘落后，强迫清政府将福建划分为自己的势力范围。曹州教案的发生更直接暴露了清朝政府统治的昏庸无能，从而也直接推动了维新运动从理论宣传转到政治实践，将维新变法运动得以开展的政治氛围推向了高潮。12月，康有为第五次上书给光绪皇帝，陈述列强瓜分中国，形势迫在眉睫。1898年1月29日，康有为写《应诏统筹全局折》，这个折子中的核心思想是戊戌变法政治维新的蓝本。4月，康有为、梁

启超在北京发起成立保国会, 以实际行动开始为变法维新做了直接准备。

1840年鸦片战争战败后, 中国跟世界的关系出现前所未见的改变。接连的外忧内患, 使清政府及一大批知识分子逐渐意识到必须要改变以自强。咸丰、同治年间开始, 清政府进行洋务运动, 希望能够学习到西方先进的技术和生产经验转而抵抗外部的侵略。各地先后引入外国新科技, 开设矿业、工厂, 建设铁路、架设电报网, 培训技术人才。在军事上也建立了远东最具规模的北洋水师。1894年

至1895年发生甲午战争，清政府被日本打败，北洋水师全军覆没。证明只靠经济上的技术革新未能从根本上改变中国的落后局面。于是出现了要求从更基研的层面，包括政治体制上，进行变法维新。

光绪皇帝虽然在17岁时已在名义上亲政，但军政实权一直仍然掌握在慈禧太后的手里。面对列强瓜分的危险，光绪于1898年（戊戌年）向慈禧要求实际的权力，让他进行朝政的改革。1898年6月8日，徐致靖上书《请明定国是疏》（康有为代拟）请求光绪皇帝正式改变旧法，实施新政。上书后的第三天6月11日，光绪颁布《明定国是诏》，表明变更体制的决心，这亦是百日维新的开始。之后光绪皇帝召见康有为，调任他为章京行走，作为变法的智囊。其后又用谭嗣同、杨锐、林旭、刘光第等人，协助维新。在维新人士和以光绪皇帝为首的帝党官员的积极推动下，维新新政从1898年6月11日开始，到9月21日慈禧太后发动政变，囚禁光绪皇帝，废除变法指令为止，历时一百零三天，史称"百日维新"。1898年以中国传统的干支纪年法称作戊戌年，所以维新变法运动又称为"戊戌变法"。

新政内容主要有裁汰冗员、废八股、开学堂、练新军、满汉平等等，涵盖教育、军事等多方面的政策和体制。其最终目标，是推行君主立宪制。康有为向光绪皇帝赠送自己的著作《日本变政考》和《俄罗斯大彼得变政记》，还有李提摩太的《泰西新史揽要》的译本和其他有关各

国改革的书。这些著作都成为戊戌变法的最初蓝本。百日维新的过程中，政府自上而下出台了很多改革措施，其措施的涵盖范围之广、内容之多、改革力度之大，令人惊讶。总结起来共有以下几个方面：

教育改革方面：创办京师大学堂，所有书院、祠庙、义学、社学一律改为中学和西方学兼有的学堂，各地方省会设立高等学堂，郡城设立中等学堂，州县设立小学堂，并且鼓励地方和私人开办学堂，设立翻译、医学、农务、商学、铁路学、地质矿物学、茶务、蚕桑等速成学堂。改革科举制度，废除八股取士制度，改试策论，乡试、会试以及青年儿童岁考、科考的考试内容，改为考历史、政治、时务及四书五经，以及定期举行经济特科的考试。设立译书局，翻译外国新书，颁发著书及发

明，并给予相应的奖励，保荐格致人才。准许民间创立报馆、学会。派皇族宗室出国游历，挑选资质高的学生到日本游学。

经济改革方面：康有为强调中国必须以工商立国，才能富国强民，另外因为官办企业多弊病，所以也着重鼓励民间兴办企业。设立农工商总局，并在各地方行省设立分局，广泛开设农业方面的学会，鼓励刊印农业方面的书籍报纸，购买农具，制定奖励如何学习园艺、农业方面的制度，编辑翻译外国农学方面的书籍，甚至采用中西综合的方法来切实提高耕地的开垦。在地方各地设立工厂，除中央和地方政府兴办企业外，着重鼓励民间的个人兴办企业，并制定相应的规章制度，对那些在制造先进的生产工具和振兴工业技术方面的人给予奖励。设立铁路、矿务总局，鼓励民间企业和商业兴办铁路、矿业，允许私人开办工矿企业。在地方各省设立商务局、商会，保护商务，推广口岸商埠，并且放开八旗经商的禁令，命令八旗子弟学习士农工商等阶层自谋生计，提倡他们创办实业，促进生产。设立邮政局，裁撤驿站，这是中国近代通信行业发展的雏形；改革财政，创办国家银行，编制国家预决算，重视本国的金融行业。

军事改革方面：改用西方军事训练方法来训练和组建新兵，采用新法编练陆海军，在原来洋务运动的基础之上，打造新的国防力量。遣散老弱残兵，削减军

饷开支，裁减原来以八旗子弟为主的绿营编制。严格审查保甲制度，实行团练，举办民兵，允许地方组织民兵预备队，增强地方上军事武装。制定和颁发奖励兴造枪炮的制度。筹备设立武备大学堂，武科取试内容调整为停试弓箭骑剑，改试枪炮。

政治改革方面：广开言路，以集思广益，准许各级官员及民众上书言事，严禁官吏阻拦。裁减冗员，设置京卿学士，删除和修改旧的规章制度，撤消重叠闲散的行政机构，取消八旗子弟的寄生特权，准许他们自谋生计。改上海《时务报》为官报，创设京师报馆，开放新闻自由。这些改革和施政措施有利于民族资本主义经济的发展和资产阶级文化思想的传播，受到维新派和地主阶级开明人士的热烈欢迎。

其余新政措施：康有为还有好多未发表的新政，如尊孔为圣人设立国教，设立专门的孔教部、孔教会，并以孔子为纪年，制订宪法，召开国会，实行军民合治，满汉平等。皇帝亲自统帅陆海军，改年号为"维新"，断发易服，迁都到上海等。据康有为表示，自军民合治以下的新政都得到了光绪皇帝的同意。在戊戌变法期间，光绪皇帝根据康有为等人的建议，颁布了一系列变法诏书和谕令。颁布这些革新政令，目的在于学习西方文化、科学技术和经营管理制度，发展资本主义，建立君主立宪政体，使国家富强，抵抗西方列强对中国的侵略和蚕食。

维新新政措施虽然没有从根本上触及封建统治的基础，但是，这些措施代表了新兴资产阶级的利益，为封建顽固势力所不允许。对于光绪帝这一系列的关于变法新政的诏谕，除了一些手无实权的开明官员表示支持外，从全国各地来看，只有湖南巡抚陈宝箴能认真执行，湖北巡抚曾较为热心，其他各省督抚则观望敷衍，甚至抵制，有些督抚对变法期间各种政令措施的执行和督办情况一无所有，甚至没有任何关于地方变法情况的奏折汇

报给朝廷。新政在绝大多数省份不能推行。可以说,光绪皇帝关于变法的许多诏谕,大都成了一纸空文。

清政府中的一些贵族高管和封建守旧官僚对新政措施阳奉阴违,托词抗命。慈禧太后在光绪皇帝宣布变法的五天后,就迫使光绪皇帝接连下了三道命令:一是罢免革新派政党的首领翁同龢,他本人也是光绪帝的老师;二是任命荣禄为直隶总督,并加升为文渊阁大学士的头衔,统帅甘军、武毅军和新建陆军,抓住了朝中的行政和军事大权,对局势予以控制;三是授任新职的二品以上大臣须到皇太后面前谢恩。控制了对重要岗位的人事任免权和京津地区卫戍的军政大权,为发动政变做准备。这对于已经"归政"的慈禧太后来说,无疑是要孤立削弱甚至重新控制光绪帝了。面对慈禧太后的一连串行动,光绪皇帝决心顶着压力,逆流而上继续推行新政。帝党做出的主

要对策是:一是频频召见维新派人士,协商维新变法的整体方向和效果,召见了康有为、谭嗣同、黄遵宪等人,但是他们都是身为六品以下的小官,无兵无权,政治斗争经验也并不丰富。二是打击以后党为主的顽固派官僚势力,将礼部尚书怀塔布、许应骙等六人全部革职,因为他们阻挠了礼部主事官员王照上书给皇帝商议维新变法的事宜。但是对于军机官员、兵部、吏部等重要部门却没有实质意义的动作。三是提拔维新派官员,特别给谭嗣同、刘光第、杨锐、林旭四人授予四品卿官衔,并担任军机章京。这些举措表明光绪皇帝试图通过壮大自己的政治力量来与慈禧及其后党进行对抗,以便加紧推行新政。

慈禧的后党与光绪皇帝针锋相对地排兵布阵,使得两派的政治斗争逐渐加剧升级,并且日趋表面化。慈禧任命了心腹官员控制了北京城内外和颐和园的军事警

袁世凯

卫权。光绪帝和维新派手中没有兵权,面对危机四伏的局势感到恐慌,万般无奈之下决定冒险拉拢掌握天津小站七千新式陆军的袁世凯。而慈禧不断派人去天津与荣禄密谋,很快,荣禄调动聂士成的武毅军移驻天津陈家沟,调动董福祥的甘军移驻北京南面的长辛店。军队的调动,预示着政局即将发生变化,一场暴风骤雨即将到来。

维新开始后,清政府中的守旧派不能容忍维新运动的发展。守旧封建地主阶级纷纷上书给慈禧太后,要求杀掉康

有为、梁启超等积极鼓动变法的维新人
士，拨乱反正；奕劻、李莲英等人则多次
下跪恳请慈禧太后重返朝廷，剥夺皇帝
权力，进行所谓的垂帘听政；御史杨崇伊
多次到天津与拥有兵权的直隶总督荣禄
密谋；甚至宫廷内外传言将要废除光绪
皇帝，另立新皇帝。1898年9月，此时慈禧太
后与光绪皇帝的最后对决已有山雨
欲来之势。光绪皇帝几次密诏维
新派商议对策，但维新党人没
有军事和政治上的实权，在
朝廷上下也得不到更多拥
护，没有解决困境的有效办
法，只得向光绪皇帝建议重
用军阀袁世凯，用来对付
荣禄。光绪皇帝自己判断事
态即将剧变，惊惶之中于9月
15日召见杨锐并授以密诏，说明
当时的局势危急万分，并诉说慈
禧太后及昏庸大臣反对变法，而且

自己没有实际的军事权和行政权，并表示自身难保，希望杨锐等人能想一个完全的对策，既可打破维新变法的阻力，摈除旧政弊端，广布维新新政，使中国转弱为强，又不至于太有违背慈禧太后的想法。康有为、谭嗣同等人相对痛哭，束手无策，除拉拢袁世凯外，又幻想取得美国、英国、日本等帝国主义列强的支持，挽救改革失败的命运。由于在此之前美国、英国、日本等国曾表示愿帮助中国变法，维新派的人幼稚地认为可把他们当做外部援助，于是就奔走四方，想要寻求日本的伊藤博文、英国的李提摩太、美国公使馆

等势力的帮助，但最终都没有结果。

9月16日，光绪帝在颐和园召见统率北洋新军的直隶按察使袁世凯，面谈后升任他为侍郎候补，嘱咐其帮助康有为等维新党人。同时在另一方面，直隶总督荣禄以英俄开战为理由，多次催促袁世凯尽快返回天津商议对策。9月18日光绪皇帝为保护康有为，并希望他能想办法去求援，就诏令他以去上海办报纸的名义离开北京，寻求地方势力的支持。就在同一天，御史杨崇伊秘密向慈禧太后报告了光绪帝的作为，请求慈禧太后火速回宫，进行训政。当日深夜，谭嗣同只身前往法华寺袁世凯寓所，劝说袁拥护光绪帝，诛杀荣禄，举兵援助维新党人，保护变法成果，挽救光绪皇帝的政治危机，对慈禧太后实施兵谏。起初，袁世凯在帝党和后党之间摇摆不定，左右逢源来谋取政治利益，在骗取光绪皇帝的信任，获得了光绪皇帝的封赏之后，认识到后党的势力强大，不能与之相抗衡，于是借此机会将光绪皇帝和维新党人出卖。袁世凯当面表示愿意效忠光绪皇帝，同时又借口形势紧迫，必须回天津进行军事的动员和部署。9月20日，袁世凯向光绪皇帝"请训"，再次表示自己的忠心。然而，当晚，他急忙赶回天津，到总督衙门府向直隶总督荣禄告密。9月

21日凌晨,慈禧太后突然从颐和园赶回紫禁城,直接入光绪皇帝寝宫,将光绪皇帝囚禁于中南海瀛台。然后发布训政诏书,再次临朝训政,历史上将其称为"戊戌政变",结束了只有一百零三天的维新。

戊戌政变后,慈禧太后下令捕杀在逃的康有为、梁启超,逮捕谭嗣同、杨深秀、林旭、杨锐、刘光第、康广仁、徐致靖、张荫桓等维新派的重要官员,对维新

派人士及支持、同情维新的官员进行清洗。维新党人中,康有为已于政变前一天离开北京赶赴上海,在英国人的保护下逃亡到了香港,梁启超则在日本人的掩护下化装出北京,由天津逃亡日本。谭嗣同拒绝了出走日本的劝告,表示:"各国变法,无不从流血而成;今中国未闻有因变法而流

血者，此国之所以不昌也。有之，请自嗣同始。"决心为变法而死。其他数十人被捕，谭嗣同、杨锐、林旭、刘光第、杨深秀、康广仁六人于9月28日斩于菜市口。徐致靖处以永远监禁；张荫桓则发放新疆；唯一在地方彻底实施变法的陈宝箴被革职，且永不叙用。对严复虽然也有人主张惩办，但因为未参加维新活动而未被追究。所有新政，除京师大学堂（即现北京大学）和各地新式学堂被保留外，其余主要新政措施均被废止。重新禁止士民阶层上书言事；废除所谓的官报局，查封全国宣传维新思想的报馆，缉拿各个报馆主笔。禁止社会阶层集合结社。维新变法期间所裁减的闲散衙门，如詹事府、通政司等都予以恢复，又废除农工商总局，恢复马步箭弓刀石的武举取试制度和八股取士的文试制度，罢除经济特设科的考试，停止各省、府、州、县设立中、小学堂。光绪帝被软禁于中南海的瀛台，之

后再也没能走出去。轰轰烈烈的"戊戌变法"最终宣告失败。

从6月11日至9月21日，进行了一百零三天的变法维新，以戊戌政变的结局而宣告失败。

三、戊戌变法失败原因

　　戊戌变法失败的根本原因，是由于这场变法的领导者资产阶级维新派有着特定时期的历史局限性。资本主义发展不充分，导致该阶级具有软弱性和妥协性。资产阶级改良势力过于弱小，而封建地主阶级顽固势力十分强大。改良派缺乏坚强的组织领导，依靠的是一个没有实权的皇帝。维新派没有势力，又不能发动广大的人民群众。对帝国主义列强抱有不

切实际的幻想。变法失败的教训证明，在半殖民地半封建的中国，资产阶级改良主义道路是行不通的。

新旧两种势力悬殊，维新势力远远没有守旧势力强大。

1898年6月11日，光绪皇帝颁布《明定国是诏》，标志维新运动进入了最高潮，开始了后人所说"百日维新"运动。这时，维新派与顽固派间的矛盾更加尖锐，而这种新旧之争，又与皇家内部的权力之争密不可分，情况更加复杂。光绪皇帝4岁登基，慈禧借姨母身份保留太后资格继续垂帘听政。1889年19岁的光绪皇帝大婚，按惯例亲政，慈禧不得不撤帘归政。但慈禧根本不想还政，所以实际权力仍一直在她手中，光绪帝名为亲政但并无实权。光绪皇帝当然也不甘这样下去，所以朝中逐渐形成了以光绪帝为首的"帝党"和以慈禧为首的"后党"，当然，后党的实际权力比帝党要大得多。甲午战争之后，民族危机空前严重，帝党主张革新内政

以富国强兵，逐渐倾向维新改革，赞成变法，支持维新派。无权无势的维新派只有依靠帝党才能实现自己的政治抱负，而帝党也需要利用维新派来扩大自己的社会基础，增强自己的力量，从后党手中夺回实权。正是二者的结盟，发动了悲壮的维新变法运动。"百日维新"开始，维新与守旧的斗争和帝后两党的明争暗斗交织缠绕，终于进入白热化阶段。

在"百日维新"期间，改革变法的主

要措施在经济方面保护农工商业, 成立
农工商局, 奖励发明创造, 提倡私人办实
业, 修建铁路, 开采矿产, 设立全国邮政
局, 改革财政, 编制国家预算等。在文教
方面的改革主要是设立新式学校、译书
局, 开办京师大学堂, 派留学生, 自由办
报、成立学会, 改革科举考试制度, 废除
八股改试策论等。在军事方面主要是训
练新式海陆军、裁减已不合时宜、战斗力
低下的绿营。在政治方面主要是裁减闲

散重叠的政府机构，裁汰冗杂多余官员，

要长期享有不劳而食特权的"旗人"自谋

生计，准许、鼓励官员和民众论政等等。

维新派和光绪皇帝深知自己的力量有限，

所以提出的改革措施相当温和，一些重要

措施并未提出。例如，政治方面最重要、

也是他们最想进行的变法是建立议会政

治，实行君主立宪，但他们深知反对力量

的巨大，所以想走由行政改革引起政治

改革的策略。康有为曾说，当谭嗣同、林

旭成为军机四卿后，主要是想开设参政

议院。康有为曾经写过一份奏折，拟定设

立制度局, 用来制定新的行政制度、任命
维新派人士进入来推行新政。光绪皇帝
知道这样的倡议根本不可能获得西太后
的认可, 便想凭借朝中大臣共同上奏来
推行这个办法, 表明这并非自己与康有为
的私人见解, 于是就首先在总理衙门提
出这个倡议, 但总理衙门一直拖延, 在光
绪皇帝的催促下才进行议奏, 但最后驳
回康有为的折子。光绪皇帝很生气, 又重
新命令军机大臣与总理衙门共同商议处
理, 结果仍然是驳回不能行使。光绪皇帝

更加愤怒，亲自用红笔批注这个奏折由军机处和总理衙门再次商讨，甚至清楚地写下，要有切实的具体执行方案，不要用空话搪塞的批注语句。但这两个衙门最后仍将康有为的奏折驳回，而光绪皇帝却也无可奈何，只能自己叹息，之所以朝中大臣敢于几次三番违背皇帝的旨意，主要是因为有所倚仗，靠西太后为自己的护身符，欺负光绪皇帝没有实际的权力。

所以，维新运动实际所做的不过是减汰冗员、裁撤机构，要求设立制度局等"行政"方面的措施，并没有颁布关于定宪法或开议会的诏书。但这一点点改革，也必然是一场力量悬殊的较量，要侵犯一些人的既得利益，裁减机构与官吏引起百官震骇，遭到各级官员的抵制，光绪皇帝接连下诏严责问差也不起作用。其余的方面，维新派对科举制的批判也是很深刻的，认为应及早废除科举，但维新时期的变法主张却根本未敢提出废科举的任何言论，只是提出改革科举考试内容，以策论取士取代八股取士。就这一项非常有限的变革也遭到了强烈反对。

光绪皇帝一直受制于慈禧太后，如此重要的变革他当然不敢不听太后的意思，在百日维新期间，光绪皇帝曾经先后十二次赴颐和园，到西太后的住所去请安，向她询问并报告改革变法的所有事宜。老谋深算的慈禧太后既不表示赞成，却也不表示反对，每有禀告的案件，太后

都不说话，也不做任何表态，如果遇到涉及改革旧法靠近新法的问题，就说，你只要保留祖宗的牌位不烧，头上的辫子不剪，我就不管。而实际上，她采取以退为进、后发制人的策略，坐等到变法出乱子、引起朝中上下的恼怒，再出来收拾局面。慈禧太后曾经多次召见几位守旧近臣，对他们说，皇帝近期任性胡乱作为，在关键的环节你们要进行阻挡。这些大臣回答说皇上的性格就是这样，我们不敢拦他。反而哭求慈禧太后劝阻，慈禧太后只是冷冷地说，等到最后关键时刻，我自有办法来对付。此后，这些守旧大臣更有恃无恐。随着改革措施越来越多，有更多的守旧大臣及内务府人，跪在慈禧面前央求太后出面来阻挠改革的进行。面对这样的情形，西太后总是笑着不说话，碰到那些哭着固执地要求太后出面的，慈禧太后笑骂他说，你管这些闲事做什么？难道我的见识还不如你们！她的宠臣荣禄也对这些人说，等这帮维新人士闹上几个月，引起全天下的人共同愤怒，恶

贯满盈的时候，到时候再收拾他们。实
际上，从新政诏令颁布的日子起，慈禧太
后就在暗中积蓄力量，采取种种措施，
伺机发动政变，重新训政。6月15日，即推
行新政的第四天，慈禧就命令光绪在一
天之内连发三道谕旨。第一道是免去翁
同龢的职务。翁是光绪皇帝的师傅、户部
尚书、军机大臣、协办大学士，是帝党中
最重要的人物，康有为就是他推荐给光
绪皇帝的。翁的去职，使光绪皇帝顿失股
肱，进一步削弱了力量原本就非常有限
的改革势力。第二道是规定凡授任新职

二品以上官员，必须到早已"归政"、移居颐和园的皇太后面前谢恩，控制用人大权，同时向高官发出大权仍在太后、而不是皇上手中的信息。第三道是任命亲信荣禄为至关重要的直隶总督，控制了京、津一带兵权。其实这三道圣旨的发布，慈禧实际已布下天罗地网，把皇帝和维新派人士看成了掌中物，任由其作为，也不能逃脱自己的掌控。已经基本决定了维新运动失败的命运，只要时机一到，慈禧便可后发制人。

任何改革都是利益的重新调整，总会使一些人的利益受损。裁撤政府闲散部门、裁减政府官员，使被裁的大批老吏冗员站在守旧势力一边，会集在慈禧太后周围，因为他们的个人利益受到损害。一个庞大的官僚机构，它的力量是强大的，它的既得利益是难以侵犯的，因此也是难以战胜的。但不对其进行减撤，改革就无法进行，这就注定了这种改革必然如履薄冰，充满艰险，稍有不慎，便全盘皆输。对庞大的官僚机构进行调整精

简, 对"冗员"的安置, 或是要以更强的力量来贯彻执行, 或是以相当的利益来赎买。这二者, 无权无能的光绪皇帝或维新派都未能做到, 因此以行政改革来推行政治改革的策略实际很难实行。新政要求旗人自谋生计, 剥夺了他们二百多年来靠国家供养、享有不劳而食的特权, 引起了范围更广的反对。裁减旧军, 自然使旧式军官失业, 因此也反对新政。改革科考内容, 废八股考策论, 触犯了千百万读书人的利益, 他们骂维新派为名教罪人, 连康有为的弟弟、后来成为"六君子"之一的康广仁看到反对如此激烈, 都不得不劝长兄缓行这条策略。

在西方列强的殖民侵略下, 民族危机空前深重的情况下, 国家的主权和领土日益丧失, 也自然造成清政府的统治权力日益削弱。那些清朝的贵族地主阶级虽然昏庸无能, 但对权力的变化却极为敏感。从他们的角度看, 维新党人的政治目标是要把权力从他们手中夺走。黄鸿寿在《清史纪事本末》曾表达过这方面的认识，百日的政治维新变法运动，力度很大，几乎有一日千里的趋势，很多政令措施都雷厉风行，在修建马路、办理国防、裁撤绿营，编练新军方面都伤害了当时的统治阶级利益。尤其是要把八旗子弟迁出北京城，让他们自己谋生。这从根本上动摇了清朝贵族的统治基础。遭到了绝大多数人的抵制和反对。整个满

族统治集团很快意识到，无论变法给中国带来多大的好处，但都要让满族统治阶级这个主要既得利益团体付出沉重的代价，不但可能丧失自己的特权，更有可能丧失三百年来一直把持的政权。改革固然是可以有利于国家的，但那些守旧派和既得利益者付出的代价也是沉重的。维新变法运动即使有利于中国的发展，也不利于清朝贵族的统治，即便中国兴盛了，清政府的政治统治也会结束。所以他们是宁愿与外国列强联合来反对维新派，也不愿意中国进行自上而下的政治改

良运动。从而千方百计地对维新变法运动进行阻挠和破坏。对这些阶层利益的损害，使之成为改革的反对者，加强了守旧势力的社会基础。但问题在于，正是这些阶层的利益，成为国家、社会发展的严重阻碍，不革除他们的利，国家、社会就难以发展，所以改革必然要侵犯其利益。虽然改革是为了各阶层的总体、长远利益，但每一阶层都不愿承担改革的代价。这是改革者不得不面对的两难困境，这种困境要求改革者不仅要有维新变法的决心和勇气，更要有变革的艺术与策略，对自己的力量和反对者的力量有清醒的估计。有能力全变、快变当然更好，但当无力全变、同时革除各既得利益阶层之利时，则只能分清轻重缓急，一点一点、一部一部地变革，一个阶层一个阶层地调整其利益，不能操之过急，使这些阶层同时反对自己。这种缓慢的变革当然会有种种弊端，但条件所限，亦无可奈何，否则将欲速不达，满盘皆输。

随着变法速度的加快、力度的增强，维新遇到的阻力越来越大，一些守旧官员对维新或阳奉阴违或公开反对。面对这种局面，光绪必须对人事作出一些调整，陆续免去一些守旧大员之职，提拔和擢升维新派的力量。9月4日，下令将阻挠新法的礼部尚书怀塔布等六人全部革职，由支持维新的官员取而代之。9月5日，任命谭嗣同、刘光第、杨锐、林旭等四人

为军机处章京，在谕令中光绪特意加上参与新政四字，以示此四人权力与其他章京不同。9月7日，下令将不赞同新政的李鸿章等人逐出总理衙门。对光绪皇帝引入维新人削弱旧党的作法，慈禧愤怒已极，在光绪又一次到颐和园朝拜时怒斥道，朝中重臣没有重大的原因，不能遗弃，你现在远重臣，而启用新臣，散失了人心，为了一个人而败坏了伦理纲常法度。你叫我如何面对祖宗。光绪皇帝哭着回答，就是祖宗面对当前的状况，也会调整

自己的施政策略，我宁可败坏祖宗的法度，也不肯放弃天下的人民，也不能散失祖宗留下来的基业。双方实际已无妥协余地。9月13日，光绪皇帝决心开懋勤殿，准备招帝党官员、维新派人员和一些西方、日本的政治家共商改革、制定官制之事。消息传来，许多官员惶惶不可终日，纷纷向慈禧哭诉，慈禧更加怒不可遏，在守旧势力的支持下，慈禧太后在9月21日凌晨突然由颐和园回宫，囚禁光绪，捕杀维新人士，重新训政，废除所有新法。在这次惊心动魄的新旧较量、搏斗中，维新事业受到重挫。这是国家、民族、社会的不幸，也是统治者本身的不幸——大清王朝丧失了变法图存的重要机会，终于导致最后全面崩溃。

戊戌变法运动，从1898年6月11日光绪皇帝下《明定国是诏》开始。各种政令措施，改革方案数量庞大，在密集的时间段内频频出台，并要求中央地方在短期内快速执行。但是守旧的大地主贵族统治阶级，则因伤害到自身的根本利益，全

力阻挠。维新新政则无法实行，所有的诏谕、政令法规全成为一纸空文，以慈禧为首的后党和以光绪帝为首的帝党，关系形同水火，势不两立。7月30日，光绪皇帝召杨锐入宫，秘密诏谕给他，并嘱咐维新派的改良人士妥善统筹安排计划措施，逐步推进维新变法的各项活动，并表示自己的皇帝地位都不一定确保，一旦自己下台，那么维新变法活动则彻底失败。此时光绪帝意识到将有变故，自己处在危险地位，流露出焦急情绪，要维新派筹商对策。8月又召林旭入宫，由他带出第二

次密诏,命令康有为等人尽快到北京之外
的地方,联络其他势力,谋划对抗慈禧太
后的策略。康有为、梁启超、林旭、谭嗣
同等维新派的核心人物跪着诵读密诏,
痛哭流涕,并发誓,即使身死也要搭救皇
帝,决定最后铤而走险,实施兵谏,联络
拉拢军方势力来包围颐和园,迫使慈禧
太后交出政权。之后,谭嗣同深夜私访法
华寺,会见袁世凯,劝说袁举兵杀荣禄,

围住颐和园, 控制慈禧太后, 把她囚禁起来, 迫使她交出兵权。袁世凯假意和维新派周旋, 骗得光绪帝封他为侍郎, 看到慈禧的势力根深蒂固, 最终决定投靠后党。他用假话哄走了谭嗣同。当天乘火车回天津, 向荣禄告发了维新派的密谋, 出卖光绪帝和维新派。荣禄赶回北京将消息报告给慈禧太后。慈禧临朝训政, 囚禁光绪, 捕拿维新派, 杀六君子, 百日维新遂告失败。

戊戌维新的失败, 其中一个重要的

因素，就是文化传统对当时人们思想认识的禁锢作用。历史典籍曾经记载一段戊戌政变后慈禧太后与光绪皇帝的对话，很能说明其中的问题。政变发生当天，慈禧太后重新训政，召见一些守旧重臣跪在自己的右边，而光绪皇帝跪在左边，慈禧严肃地训问光绪，这天下是我大清满人的天下，你怎么敢任性胡来。你身边的这些臣子，都是我多年观察选拔出来，辅佐你治理天下的，你凭什么不任用他们。竟然听信那些叛党的谗言，听信他们的蛊惑，乱了祖宗的章法制度。康有为又是什么东西，他的才能能胜过我为你挑选的辅佐大臣吗？康有为的那些治国的理论和方法，能胜过祖宗所创立的治国方法吗？你是如此的昏庸无能，不辨是非，连祖宗创立的章法都敢败坏，你这个不孝的子孙！乱祖宗纲常法度，动摇我大清统治的根本，以下犯上，你知道你的大罪吗？我问你到底是我大清的统治重要，还是康有为重要。背离祖宗法度，而用康

有为的治国办法，你怎么昏庸到了这个程度。光绪战战兢兢地回答，这虽然是主要因为自己糊涂，也是因为洋人逼迫得太紧，想要保存国家的完整和政治上的利益，所以才想起了学习西方一些措施和方法。并不是完全听信康有为的鼓吹。慈禧太后又大声呵斥，难道祖宗的方法不如西法，洋鬼子反倒要比祖宗重要吗？康有为这个叛党，他是要图谋我大清朝的统治，难道你不知道吗？还敢替他辩护。光绪本已魂飞魄散，现在更不知道怎么说了。

一句"难道祖宗的方法不如西法，洋鬼子反倒要比祖宗重要吗？"的质问便使光绪皇帝无言以对，可见这句话的效力是巨大的，对人的影响有多么深远。对祖宗的崇拜和华夏中心论是中国传统文化的重要特点。祖宗崇拜将祖先、祖制神圣化，使任何改革都非常困难，总被视为数典忘祖。华夏中心论认为中华是世界的中心，是"天朝上国"，只有中华的文化才是最优秀，最正统的，其他民族、国家、文化都是落后愚昧的，实际表现出一种强烈的

文化排斥和歧视。对祖宗的崇拜与华夏中心论结合论一起，使学习、参考外国的任何改革都被斥为"以夷变夏"的大逆不道，因而更加困难。近代以来，在天朝上国第一次遇到了一种更强的文化的挑战，但林则徐、魏源等提出要了解敌人、进而提出要"师夷长技以制夷"时，都引起了激烈的争论和反对，被指责为自己毁灭了华夏的文化城防。主张"中体西用"、学习西方船坚炮利、引起大机器生产的洋务运动，也被顽固派攻击为扰乱人心，是混论等级制度的建议，是变夷、媚外、崇洋、卖国。维新派进而学习西方的政治制度，更被骂为大逆不道的乱臣贼子，认为西洋与中国的关系是敌我的关系，所以学习西方便是认贼作父、认敌为师。

近代中国备受西方欺凌，处于国耻频仍的民族危机中，这无疑是非常严重、极有煽动性的指责。在近代变革与守旧的理论斗争中，主变者一直没有建立起

系统的变革理论体系，没有真正突破传统话语，所以只能一直居于守势，往往只有招架之功。由于传统话语仍居主导地位，所以守旧者掌握传统话语的解释权，并依靠这种话语优势使自己居于道德、政治的优势地位而使变革者居于道德、政治的劣势位置和否定性境地，以此剥夺、起码是严重削弱了变革的合法性，这也是中国近代变革之路曲折多难的重要原因之一。应当承认，与洋务派相比，维

新派相当重视意识形态重构，他们从古
今中外变法图强的历史中为变革寻找合
理性，特别是引入达尔文的进化论，成为
有力的思想武器。但在戊戌时期，这种意
识形态的重构工作才刚刚开始，影响只
限于少数读书人和个别官员，变法的合理
性远未深入人心。虽然如此，中国近代思
想史的图谱，却是从戊戌时期开始发生了
较大的变化，为今后的变革提供了思想基
础，这也是维新运动的意义所在。

　　还有一则解释原因，戊戌变法期间，日本前首相伊藤博文曾经到中国访问。当时英国传教士李提摩太向变法派领袖康有为建议，要求维新派聘请伊藤博文作为变法的顾问，甚至给予他一定的权力。于是变法派官员在伊藤抵达北京后，纷纷上书请求光绪皇帝重用伊藤博文，引起保守派官员的高度警惕。保守派官员杨崇伊甚至秘密向慈禧太后报告，说日本主持维新变法的原首相伊藤博文来到中国，

光绪皇帝和维新党人将给他授予一
定的权利, 如果任用伊藤博文, 那
我们大清的统治权将不存在,
无异于把整个天下交付给外
国人统治。这种激烈的言论
和想法, 促使慈禧太后在9
月19日由颐和园回到紫禁城,
想查清楚是否属实。伊藤博文
与李提摩太曾经向康有为提议中
美英日合邦。于是, 在康有为的授意
下, 变法派官员杨深秀于9月20日上书光
绪皇帝, 希望依靠日本人和英国人来推动
变法的进行, 来抵抗慈禧太后的反扑。并
强调不要嫌弃与英国、美国、日本成立联
合政府的名字不好听。另一变法派官员宋
伯鲁也于9月21日上书说: 李提摩太和伊
藤博文来到北京, 打算成立中国、日本、
美国和英国的联合政府, 选择了解各国
政治事务和当前形势的人来管理国家,
并管理四个国家兵政税, 另练兵若干营,

并想请国家重要大臣李鸿章去见教士李提摩太及日相伊藤博文，来商量具体的办法。俨然想把中国军事、财税、外交的国家大权，交到外国人的手上。慈禧太后于9月19日返回紫禁城后，于9月20日至21日获知此事，惊觉事态严重，才当机立断发动政变，重新训政，结束了戊戌变法。

四、戊戌变法的评价
及历史影响

　　戊戌变法的主要核心价值观是爱国、民主和进步。这次运动在中国近代特殊社会背景下发生,完全符合中国历史发展的运动规律。爱国救亡的思潮是甲午战争之后中国社会各界较为一致的思想趋向, 而加快政治民主化进程、建立立宪议会政治,则是走向爱国救亡这一目标的重要步骤。所有这一切,都顺应了人类历史向前发展的潮流和社会进步的规律。

爱国主义是戊戌变法的重要内容和鲜明特色,它贯穿于戊戌变法运动的全过程。19世纪八九十年代,中华民族处在前所未有的危机时刻。具有悠久灿烂五千年文明历史的华夏大国居然败在新兴列强的手下,中华民族处在任人宰割的地位。列强争相吞噬中国,不断掀起瓜分狂潮,亡国灭种的危险迫在眉睫,中国的未来将是怎样?在中国刚刚诞生却尚未成长起来的民族资产阶级挺身而出,肩负起救亡图存的历史重任。戊戌变法中维新派的代表人物,都是热血沸腾的爱国主义者。他们大声高呼,各处奔走,其目的就是唤起人们的爱国情感。他们撰写文章、发表演说、创办学会、刊印报纸,都是围绕着爱国主义主题而展开的,面对亡国灭种的危局,维新志士义愤填膺、群情激荡。尽管他们身份低微,没有实际的权利,但其爱国主义情怀是强烈的,探索救国自强的道路。爱国主义已经成为时代的号角和社

会进步的主旋律。

康有为作为一名普通的知识分子,能够掀起一场轩然大波,成为维新派的领袖,也为全国所瞩目,就在于他具有崇高的爱国主义精神,在爱国精神激励下,他用自己的文字、语言和行动,适应客观形势的要求。他曾多次上书光绪皇帝,一再鼓动光绪,企图以国破家亡江山易主的惨重后果,打动光绪的心,震惊朝廷官员和各界群众,迅速投身挽救民族危亡的运动。梁启

超也是血气方刚的青年学子，他用焦灼的笔触写下了慷慨激昂的文字，强调变法的动机就是爱国，变法的目的也是爱国，爱国主义思想主导着1898年的戊戌维新运动。而以谭嗣同为首的"戊戌六君子"，则以他们年轻的生命和满腔热血，谱写了戊戌变法爱国主义的悲壮篇章。

戊戌维新志士对祖国怀有一种执着的强烈的爱，中国毕竟是自己的祖国。当时中国遭受帝国主义铁蹄践踏，是那样贫穷和落后，但他们对祖国的爱恋之情常常溢于言表。但他们没有停留在对祖国悠久文明和美丽山川的赞美上，而是要唤醒民众真正的爱国心，用爱国主义这根纽带将一切热爱祖国的青年人联系起来，把中国人的力量凝聚在一起，赶走外来侵略势力。

戊戌维新志士继承了祖国爱国主义传统，并形成崭新的爱国主义观念，他们维护国家的独立和民族尊严，热爱国家热爱真理，反抗外来侵略。这是戊戌维新志士爱国主义观念中的精华，是留给后人的一笔珍贵财富。戊戌变法虽然失败了，但爱国主义传统经由维新志士之手继承下来，越来越多的人开始把个人利益和国家的命运、民族的安危联系起来，尤其在戊戌维新运动之后，国家和民族的存亡安危在人们思想上高于一切、压倒一切，除少数民族败类以外，大多数中国人可以不分阶层、不分党派，在国家面临外来侵略的时刻，结成广泛的民族统一战线，同来犯之敌浴血奋战，现代爱国主义观念在戊

戊变法以后日益完善成熟,成为中国人的精神动力。

这次维新运动有着深刻的社会、政治、文化和国际背景,而最直接的原因则是甲午战争中中国的失败。由于历史上日本长期学习中国文化,所以在甲午战争之前,中国人一直看待日本为小国,并且具有心理优势。但在历时近十个月的甲午战争中,中国却惨败给了当时的日本,号称东方第一的北洋水师全军覆没,几十万中国军队溃不成军,日军在中国领土上肆意烧杀掳掠,清政府最终不得不签订割地赔款、丧权辱国的《马关条约》,向昔日的藩属求和。

中国的失败使国人痛心疾首、深受震撼，一些先进的有识之士如康有为、梁启超痛定思痛，探索新的救国之道。他们认为，日本之所以能由小岛战胜中华帝国，就在于向西方学习，在于变法维新，实行君主立宪，所以中国的救亡强国之路就是要向日本学习。日本因学习西方由弱而强，中国要生存、要强大，应该、而且也只能像日本那样变法维新，学习西方。1895年5月，康有为在北京发动著名的"公车上书"，公开提出只有学习日本变法才能强国的主张。在论证了变法强国的重

要理由之后，在以后两份给光绪皇帝的上书中，他一再提出要向日本学习，梁启超在他的《变法通议》一文中也对日本的体制和宪章大加赞赏。

他们对日本政体的夸赞，要向强敌学习的建议，颠覆了当时所有人的观念，有的表示赞同，有的坚决反对、认为是大逆不道。支持维新的光绪皇帝就被打动，在百日维新变法开始不久就要求康有为提供给他这方面的书籍观看。从1898年6月21日起，康有为把自己所著十五万

字十二卷本的《日本变政考》陆续进呈。《日本变政考》以编年的形式，对明治维新的内容、经过和经验作了详细的介绍、评说和总结，并结合中国情况向光绪帝提出变法的具体建议。在这本书中，把定章立宪的政治革新作为变法的总目标，确是抓住了问题的关键；在书后的后记中，他总结说，只要效仿他国的先进方法才能使中国强大，抵御外族的侵略！只要能够效仿日本的做法，那么一切都足够了。康氏的著作对光绪皇帝产生了极大的影响,百日维新中发布的许多上谕、变法的主要内容都来自此书。在中国为日本打败、举国同仇敌忾之时,同样热血沸腾的维新派却没有仅仅停留在对敌人的谴责、痛斥阶段,更不是简单地否定侵略者包括体制在内的种种优长之处,而是冷静地提醒人们看到敌人的长处,提出要向敌人学习,确实难能可贵。因为这既需超出常人的识见,对世界大势、国际格局、国内形势有理性、清醒的认识,更要有过人的勇气,而维新派之所以有甘冒天下之大不韪,承认、分析仇敌的优点,进而提出向仇敌学习的勇气,主要因为对国家之爱——至真至诚至深的大爱,这样的爱国主义,才是更纯粹、更深沉、更清醒、更理性、更负责、更有效、更值得敬重提倡的爱国主义。

（一）民主是戊戌变法的核心内容

19世纪末期兴起的戊戌变法运动,其实质就是改造封建君主专制政体,建立资产阶级君主立宪政体,这是中国近代民主化进程中的重要里程碑。戊戌变法时期,中国当时社会上状况、阶级关系和思想文化发生剧变。思想文化领域内的进步潮流是运用新的理论武器,抨击封建专制统治和礼教,宣传君主立宪等民主学说。针对传统的君主专制的统治观念,变革维新的民主派以西方自由民主思潮、自由、平等和民主学说为理论武器,予以激烈批评,从这一历史层面上看,强于早些时候的洋务思潮后期的进步知识分子,批判的武器也更为犀利。

戊戌维新志士从西方启蒙思想家中获得了民主自由的思想,并以此为武器,批驳传统君权神授说,其目的在于攻击封建君主专制制度,伸张资产阶级民权。严复、谭嗣同等人对专制君主制度的攻击,首先抓住了为君主辩护的君权神授论,他们对君主的产生和对君、臣、民关系的分析,比较接近于西方的民主平等、社会契约的基本观点,明确提出废除封建的君主专制和推广自由民主的要求。他们对中外古今历史上重民轻君、民本君末的政治学说加以继承、综合和发展,并且作了较大改动,这些都反映了资产阶级的民主要求,对于揭露君权神授的迷信,摧毁封建君权主义理论基础,扫除专制君主至高无上的权威,启蒙民众的觉悟,都有巨大的、不可低

估的历史价值。

从政治上讲,戊戌维新运动的根本目标是君主立宪,建立议会制度,实行民主政治。他们极力强调效法欧美的民主制度,分定行政、立法、司法三权用来改变国家的政治体制,立宪法以改国宪,设议院以行民权。他们还试图用行政管理制度来取代清廷的军机处和六部,是资产阶级利用和平手段夺取政权的尝试,尽管这些并不都能付诸实践,或者在强大顽固势力的碰击下失败,但维新志士们已经勾画成立宪制的蓝图,这是难能可贵的。在几千年封建专制统治下的中国,提出这样的主张,并勇敢进行尝试,足以证明维新派的斗争勇气和改革的强烈愿望。

(二) 促进当时社会的进步

戊戌变法没有使灾难深重的中华民族摆脱贫困与落后,没有改变中国社会半殖民地半封建社会性质。但戊戌变法在很多方面,使人们思想获得一定程度的解放,也成为人们促进社会进步的驱动力。戊戌变法以后的几年间,在社会生活的某些领域,民主主义思潮很快形成,社会生活里增添了许多新内容、新气息,使民间死水一般沉寂的社会生活发生了某些新的变化,这种变化是几千年来所少有的。在社会生活领域,小自个人家庭,大至社会群体,内从思想观念,外到人际交往,城镇乡村、男女老幼,都程度不等地发生了变化。

戊戌变法后不到三年,清政府颁布了"回銮新政"的谕旨,在若干方面放松了对社会发展的局限,这实际是戊戌变法所促成的。也正是在这个时候,民主革命风潮勃然兴起,推翻清王朝的专制统治,已经被革命党人提上日程,戊戌变法在客观上加速了清廷覆亡的进程,推进了中国社会的政治民主化。

戊戌变法的根本目标是发展资本主义,振兴民族工商业,富民强国,康有为在变法之前曾提出一个比较全面的经济改革方案,希望中国能够走上近代机械化道路。在变法期间,由维新派提请光绪皇帝颁布的诏书中就提到经济改革的事宜,其中明确把发展资本主义工业作为发展经济的基本国策。事实上,戊戌变法以后,民间创办新式企业已成风气,尤其到20世纪初期,中国资本主义发展进入一个黄金时期,这是当时社会进步的一个重要方面。

在思想文化领域内,戊戌变法的推动者掀起一场社会启蒙运动。维新志士们提出了更多的新观点和新思想,形成近代意识的革新思潮。他们用西方近代政治学说,破除中国人固有的封建桎梏、保守思想,抨击封建主义纲常名教,要求个性解放和人格独立。他们倡导鼓励民力、开启民智、创新民德,全面改良中国国民性,提倡男女平等、各自独立的主张,认为中国要救亡图存,兴国智民,就必须首先解放妇女,使妇女获得与男子平等的政治经

济地位。此外,维新志士还对中国传统观念中的某些言行规范进行剖析。例如,他们用西方近代的幸福主义反对封建禁欲主义。用开明自营即合理的利已主义反对封建礼教对人个性的压抑和对个人利益的抹煞,等等。这些表明戊戌变法也是一次深层次的思想启蒙运动,他们用西方资产阶级的理性精神,点燃中国近代的文明之火。此后,先进的中国人幡然醒悟,如饥似渴地学习西方,形成全国上下竞相学习西方思潮的局面。因而,戊戌变法运动在民族觉醒和民主意识方面产生了振聋发聩的思想解放作用,这是中国有史以来的第一次。

　　开启民主政治生活。维新运动是由康、梁等普通读书人发动的，阻力很大。但在一两年内，维新运动便能达到鼎盛，甚至一些高官也屡屡参与其中，在很大程度上，是因其创办的论政报刊风行一时、组织种种现代学会吸引广大士绅官僚所致。办刊论政，是维新运动最主要的成效之一。政治的主要传播途径就是宣传，这说明了新式报刊在当时的重要性。中国向来只有官家的公开宣传，而无真正的报刊。而中国现代报纸之产生，均出自外国人之手。随着通商口岸的开辟，外报外刊的增多，中国的一些有识之士如王韬、郑观应、陈炽、何启、胡礼垣等人也开始认识到现代报刊的重要作用，要求办报之声便日渐高涨。他们大都从"中国传统"和"西方现代"这两方面来论证创办现代报刊的必要性与合法性。

　　康、梁在刚开始倡言维新时，便认识到报刊论政的重要作用。康有为在写给

皇帝的奏折中反复申述创办报刊的重要性，他认为报刊是国人的耳目喉舌，若无耳目喉舌便是重病则不可救药。他不仅认识到报纸对国家政治的重要性，而且看到了现代报刊对民间社会的重要性。除了军国大事之外，报纸还详记人数之生死、民办企业的兴盛、学会之程课、物产之品目、器艺之新制等无所及。他们当时虽然已经触及，但没有、也不可能从言论

自由、公民权利、对权力的监督这种角度来详细论证创办现代报刊的必要性与合法性。《时务报》的发行量在不长的时间内就上升到一万七千多份，遍布全国七十个县市，以当时的文化程度和交通情况来看，这是非常惊人的数字。《时务报》成为全国影响最大的政论刊物，梁启超的名声亦由此而起，在百日维新的鼎盛时期，光绪皇帝曾下诏书《时务报》改为官办，并

要各地方效仿开办，

维新运动的另一重要贡献是大量民间社团的成立，使传统、松散的民间社会开始向现代的市民社会转变。1895年春"公车上书"失败之后，康有为意识到仅靠朝廷是不够的。应造成一种社会力量来推动、促进维新事业。同年8月底，他在北京组织了强学会。强学会每十天集会一次，发表演说，探讨政治，研究国是，宣传种种新知识，

还准备翻译外文新书，并出版了《万国公报》作为机关报。强学会的每次演讲，都吸引大批听众，影响日大，不仅许多京中名流参与其中，连一些元老重臣如翁龢、张之洞也表示支持。不久，康有为又在"得风气之先"的上海组织了上海强学会，并创办《强学报》作为机关报。可以说，这是第一个公开的合法社团，开近代合法结社之先声，意义重大。虽然不久就发生"戊戌政变"，维新运动失败，慈禧重掌大权后将新法尽废，所有报刊一律停办，所有学会都被迫解散，慈禧要求各地官员，查办各办刊的主笔，但是，报刊的论政作用却首次为万众瞩目，学会、社团的重要性也首次显示出来。流亡海外的维新人士和留日学生立即掀起了创办政论刊物和成立各种社团的热潮，而且这种潮流已不可阻挡；不久国内又创办了更多的论政报刊，各种社团又遍地而起，对"辛亥革命"起了重要的推动作用。此

后, 在20世纪前半叶的中国政治生活中, 政论报刊和各种社团一直举足轻重。总之, 戊戌维新虽然失败, 但此时为创办公开论政的报刊与成立公开合法的社团, 却将现代政治生活中的两个重要因素引入中国, 确是维新运动的重大贡献。

由于戊戌变法的失败, 中国不能实现类似于英国的自上而下的改革措施, 资产阶级改良的道路在中国走不通。代之而起的是主张激烈变革, 推翻原有制度和政府的革命者, 最后造成了清朝的覆亡，中国两千年的帝制被彻底推翻。除此以外，朝廷中本来较为开明有为的大臣在政变后有些被贬，其他亦多被排挤到中央以外，亦间接造成了之后发生的义和团运动。戊戌变法是中国近代史上具有重大意义的事件，是一次爱国救亡运动。它要求发展资本主义经济和扩大资产阶级政治权力，符合近代中国发展的历史趋势，因此也是一次进步的政治改良运动。它传播了资产阶级新文化、新思想，批判封建主义旧文化、旧思想，又是一次思想启蒙运动。

五、戊戌变法中的重要人物

　　康有为是戊戌变法运动的领袖,他是戊戌变法中最为重要的人物之一。对康有为在变法中历史地位和作用的探索有着重要的意义。康有为的变法思想水平远远超越同时代的人,康有为虽然官位不高,但因为能得到光绪皇帝的重视和信任,通过直接上奏折给皇帝,影响光绪和新政的推行,康有为等人曾经预谋控制慈禧太后实施兵谏,成为最终戊戌政变的导火索。康有为与戊戌变法及政变关系极其重大。康有为对主持戊戌变法的光绪皇帝有决定性影响，在他的影响下，变法有了比较明确的发展方向，从而使中国从洋务运动开始的改革运动进入政治层面，并使改革具有了比较鲜明的资产阶级色彩。

康有为的《新学伪经考》和《孔子改制考》是他的重要经学著作，是康有为发动变法维新的重要理论依据。康有为的两部著作使得戊戌变法运动更多、更早地卷入到对价值观的评析与学术纷争中，康有为的效仿古代改制理论，非但未在戊戌时期起到思想解放作用，反因其负面影响成了变法运动正常运行的思想障碍。所以康有为的学术成果与学术思想影响了戊戌新学的内容及其时代特征，从而也影响了近代学术文化转型的民族特性和其发展趋向。

康有为的创立孔教的活动是在戊戌

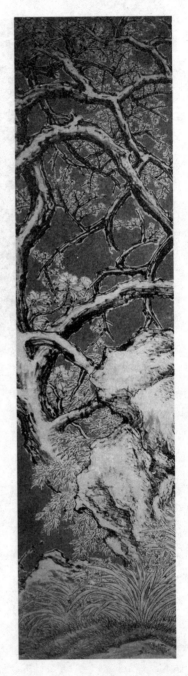

变法前，他为实现其政治理想的重要活动，也是其学术思想的反映。康有为把孔子的思想学说宗教化，是为了抵抗近代西方侵略，制衡君主专制制度。尽管他创立孔教的目标未能最终实现，但从总体上看，康有为的早期孔教思想，为会通中西文化、推进中国现代化，作出了重要贡献。康有为不仅仅把利用孔子思想学说、创立孔教的活动作为他为推动变法所施用的权宜手段，创教本身也是他追求的重要政治目标。康有为创立孔教的努力使得变法中许多政治上的分歧不是来自维新变法本身，反而是围绕孔教问题引起许多无谓的斗争，增加了变法实施的阻力和难度。

梁启超作为戊戌变法的重要领导者、戊戌政变前密谋的重要参与者，在变法失败后，曾写下大量文字材料记述和反思变法，这对研究和评价戊戌变法产生了重要影响。在变法失败后，梁启超在不少

论著中深刻反思变法的全过程,他认为变
法本身没有错,问题在于没有将变法主张
贯彻下去,改变旧有政策而没有执行新的
政策, 政策改变了, 但是执行政策的人没
有变化, 另外变法最大的推动者光绪皇
帝手中没有实权, 再加上守旧官僚的反
对,就无法使变法获得成功。

梁启超对戊戌变法的这些总结和反
思, 对他此后的思想观点发生了较大的
影响。梁在戊戌之后到五四运动时期,思
想上经历了革命与改良之间的摇摆,民

主共和与君主立宪之间的选择，西方文明与中国传统之间的反思，这一系列的价值观念选择，勾画出了他一生思想衍变的轨迹。梁启超在戊戌变法之后深刻认识到，近代中国必须以推翻旧有封建统治的革命的方式，来适应外部世界统一的近代一体化进程，一方面必须结合中国实际学习西方先进事物；另一方面又必须认清近代世界政治经济体系的不平衡性和近代西方列强的侵略本性，对西方与西人保持高度警惕。梁启超对康有为"创立孔教"的态度经历了一个由肯定至否定的

过程。梁启超于戊戌期间提倡孔教固然有推动维新变法的政治动机，但更主要还是出于文化动机，一方面抵制西方基督教的侵蚀，维护中国固有的文化认同，另一方面也试图借此实现天下大同的政治理想。梁启超后来于1902年公开宣布放弃保教，这是他政治思想发展过程中的一次根本性转变。

光绪皇帝作为当时清政府推行维新变法最高当权者，同时也是后帝党最重大政治派别的核心代表人物，他的动机与作为对戊戌变法的发展影响很大。光绪皇帝在外交事件的处理中，反映出他对外观念的调适。尽管光绪帝力图摆脱传统外交的束缚，在程式上向近代外交靠拢，但他内心世界中的对外观念与外部世界仍有隔膜，在一定程度上反映出中国这个传统深重的国家在这一靠拢过程中的艰难与无奈。

翁同龢、文廷式、张謇等是与戊戌变

将以八月之望与诸侯
远方交遊兄弟竝往观涛乎
廣陵之曲江至则未见涛之形也
徒观水力之所到则即然足以駭矣
观其所駕轶者所擢挟者所扬泪者
所温汾者所滌汔者雖有心略
辭給固未能縷形其所由然也
善之观察大人定屬
弟翁同龢書

法关系密切的晚清重要人物。翁同龢作为帝党的重要人物,对戊戌时期政局的发展有重要影响。翁同龢被罢官是变法中的重大事件,针对"翁被罢是慈禧太后反对变法的重要安排,光绪皇帝出于被迫",从慈禧对戊戌变法的态度、光绪皇帝对翁态度的变化以及慈禧对罢黜翁的态度,可以看出新旧势力、后党帝党之间的深刻矛盾。张之洞是晚清时期的朝廷重臣,也是洋务运动后期最为重要的代表人物,与戊戌变法运动关系密切。张謇与维新运动之间的关系用"若即若离"较为客观公允,即一方面同情,甚至支持或者直接介入维新活动;另一方面对维新又有微词而保持一定距离。这种复杂历史现象的造成,内因是张氏的阶级地位和思想状况,及其与维新派在一些观点上的分歧,外因是当时政坛上的几支活跃派别的制约。他们与康梁为首的左翼是基本合作的。康梁派利用帝党已经取得一点政治力量,帝党也利用维新派正在发展中的社会力量。但在帝党和维新派之间,有互相

合作的一面,也有互相矛盾的一面。那些
参加强学会的较年轻的帝党,如文廷式、
张謇等,虽然都与康有为保持友谊,并且在
不同程度上赞助康有为的变法,但他们与
康有为等人的思想,仍保持一定的距离。
如文廷式,原是参加强学会的一个重要人
物,但在维新前,就骂康有为这样的政治主
张如何能成就大事? 又如张謇,在甲午战
争前与康有为是旧交,但跟康有为的政治
理念不同, 同梁启超也没有什么深厚的交
情。这些都说明当时帝党人物与维新派
康梁之间,在思想上,始终保持一定的距
离。

　　维新人士放弃了传统的大一统模式,增强了多元、并存、竞争的民族意识。其民族情感在文化层面上的表现是多重的,在文化观念上表现为较为理性的态度,维新人士的活动促进了近代民族主义的兴起。戊戌时期维新派对不平等条约的认识,是中国人民反对不平等条约思想历程的一个重要环节。他们认识到不平等条约严重影响中国的国计民生和民族资本主义发展,侵害中国的主权,主张通过内部改革、外交手段,以及利用国际法等途径解

除其压迫。维新派的认识能与民族危亡
联系起来并注重经济方面的危害，同时
又存在缺乏认识的完整性和理论高度及
对帝国主义抱有某种幻想等局限。

　　陈氏父子、徐氏父子、黄遵宪等人，他
们是积极支持，赞助康、梁活动的。当时陈
宝箴任湖南巡抚，由他领导而由其子陈三
立协助规划了"湖南新政"，湖南可以说
是当时改革的模范区域，是戊戌维新变法
的发祥地之一。徐致靖当时是翰林院侍
读学士，早在变法之前，就曾努力保荐康有
为、梁启超等人，后党发动政变前，又让其
侄徐仁录赴小站游说袁世凯，暗中劝其

倾心新党。徐仁铸当时是翰林院编修,湖南学政,变法前后在湖南助陈宝箴力行新政。而杨深秀是变法维新时的"军机四卿"。黄遵宪则在湖南新政上发挥了极大的作用,特别是他的"地方自治"理论与实践。这一派都是积极赞助康梁活动的,但是我们可以看到当时除陈宝箴都是没有什么权力的士大夫,即使是陈宝箴贵为湖南巡抚,其上还有投机变法的湖广总督张之洞。

张之洞为谋求发展,有靠拢到活跃于朝野的帝党倚重的维新派人士的意念。而张之洞与维新派的政见有相同也有不

同,其时的中国政坛又风云变幻,主观要求
与客观环境均促成张氏与迅速演进的变
法运动逐步发生错综复杂的交互关系。
洋务派并不属于极端顽固守旧者之列。此
时的洋务派普遍具有趋时和附权的矛盾
心态。趋时使他们同情、支持和参与维新
运动; 附权则使他们徘徊于帝、后之间。
在变法之初他们同情甚至支持维新派。
如张之洞在甲午战争以后,从一个搞洋务
的封疆大吏一变而为维新运动的"护法

大师"。在1895年—1898年之间张之洞在
行动上与维新运动的关系,可以通过下面
几件事来发现。一件事是1895年时张之
洞对于上海强学会的态度。北京强学会
开会时,张之洞是大力支持的,他准备寄
予筹备资金做为帮助,是督抚中最卖力的
一个。 后来张之洞又大力支持康有为在
上海再办一个强学会,并提供了资金上的
帮助。这是他与维新派的第一次合作。另
外一件事是1896年—1897年间他对于《时
务报》的态度。《时务报》于1896年8月间
创刊,张之洞是一位重要的赞助人,捐款
最多。据《时务报》的经理汪康年说,《时

务报》初开办时,只有一千六七百元款子。其中张之洞独自捐款千元,是经济上的大力支持者。那时,《时务报》的两个主持人物,是汪康年与梁启超。汪任总经理,梁任撰述主笔,而汪康年就是张之洞派系的人物,是他的一个亲信。汪梁合作,也就是张之洞派系与康有为派系在《时务报》中的合作。张之洞还为《时务报》推销。他回湖广总督本任后,以总督的地位,叫湖北全省各州县都购阅《时务报》。值得注意的事,是1897年下半年至1898年上半年张

之洞对于湖南维新运动的态度。湖南初期的"新政"(1897年上半年以前),也是张之洞所赞成的。陈宝箴在任湖北按察史时(1890—1894年),与总督张之洞相处得很好。当陈宝箴在1895年初入湖南担任巡抚推行"新政",如办矿办厂的时候,张之洞是支持他的。综合看来,1897年下半年至1898年上半年百日维新前,张之洞对维新运动,在表面上仍保持赞助者的姿态。第四件值得注意的事,是1898年百日维新时期张之洞对于维新的态度。这个时期内"军机四卿"中的杨锐、刘光第就是代表张之洞派系的。而当时京城内外许多大官僚推荐张之洞入京主持变法大计时,他很想做一个维新宰相,做一个大清帝国的伊藤博文。总之,在百日维新时期,张之洞在表面上仍然支持维新运动,并且行动上比过去更积极,因为这是他阴谋与投机成败的关键所在。

戊戌六君子:谭嗣同、杨锐、刘光

第、林旭、杨深秀和康广仁。戊戌政变后，以慈禧太后为代表的封建势力派大肆抓捕杀害维新党人，维新志士谭嗣同、康广仁、林旭、杨深秀、杨锐、刘光第六人于1898年9月28日在北京惨遭杀害，历史上称"戊戌六君子"。

谭嗣同（1865—1898），字复生，号壮飞，湖南浏阳人。他是改良主义运动中的激进派，为变法事业献出了自己的生命。谭嗣同是近代著名的思想家，他猛烈抨击了君主专制制度和清王朝的反动统治，并对封建纲常伦理进行了犀利的批判，其思想非常激进和深刻，达到了同时代的较高水平，并成为后来资产阶级革命派思想的先驱。谭嗣同富有文学才华，诗文都写得有气势。文章作品表现了丰富的时代内容和强烈的爱国主义思想，融入了个人的生命感受和价值观。抒发了他冲破封建枷锁、追求个性解放的积极进取精神。文章风格恢弘豪迈、刚健遒劲，带有浓郁的浪漫主义特色。留有《谭嗣同全集》。其中尤以"我自横刀向天笑，去留肝胆两昆仑"较为有名。

康广仁（1867—1898），名有溥，字广仁，号幼博。广东南海人。康有为的胞弟。小时候鄙弃科举考试制度，认为国家弱亡都有科举考试限制人的才智发挥。曾经捐钱当上小官吏，深深感受到官场的黑暗，最后愤然离职。后来跟随美国人嘉约翰学习西方医学，计划在上海创设医学堂，结果没有开成。1897年2月和徐勤等人在澳门创办《知新报》，宣传维新变法思想。后到上海倡导设立女学堂。和梁启超、谭嗣同等人发起成立戒缠足会。创设大同译书局, 刊刻康有为、梁启超等人的著作。1898年春带着大笔资金抵达北京, 协助康有为开展维新运动。他主张废除八股取士, 倡导西方学术, 开启民众才智。与御史宋伯鲁计划上书, 主张把科举的四书五经学问统统改为对时事政策的分析, 并得到了政府的许可。后来看到了封建顽固统治势力强大, 变法难以进行, 多次劝康有为离开北京回到南方, 开办学堂, 收徒讲学, 为维系变法活动培养人才, 等待其他时机。戊戌政变时被捕, 在狱中曾说如果死能使中国强大, 那么死了也值得, 最终从容就义。

杨深秀（1849—1898），字漪村，本名毓秀，号叠叠子。山西闻喜人。光绪十五年中进士，授官为刑部主事，后多次升迁为郎中。1897年底授官位山东道监察御史，立下大志以澄清天下、辨别忠奸为自己一生的责任和目标。1898年3月和御史宋伯鲁发起关学会，推行维新变法。4月成为康有为组织的保国会成员。与康有为交往非常密切，很多奏折是和康有为商量后写成，有的时候为康有为代写。6月1日写新政条例五篇，请明定国是，宣布变法开始。主张废弃八股，改试策论，起草日本章程，派遣清朝王公贵族留学，并申请专项经费翻译西方著作。后来又多次弹劾阻挠维新变法的守旧大臣。戊戌政变时被捕，遇害。遗留下来的著作有《雪虚声堂诗钞》《杨漪村侍御奏稿》《闻喜县新志》。

　　林旭（1875—1898），字暾谷，号晚翠。福建福州人。举人出身，喜好诗歌。1895年，针对签订《中日马关条约》上书请求政府拒绝与日本和议。同年花钱买官为内阁中书。1897年到张元济等人创办的西学馆学习。1898年创立闽学会，与广东、四川、浙江、陕西各学会互相呼应，推动维新运动。4月参与发起保国会，并任主管工作。因为仰慕康有为，成为他的弟子。曾为康有为的《春秋董氏学》作后记，推广宣扬今文经说。在百日维新中，受到光绪帝召见，赏四品官衔，在军机章京上活动，参与新政。戊戌政变前夕，曾把光绪帝的密诏带给康有为，共同商讨解救光绪皇帝的办法。戊戌政变时被捕，遇害。年仅24岁。遗留下来的著作有《晚翠轩集》。

杨锐 (1857—1898)，字叔峤，又字钝叔。四川绵竹人。举人出身。1889年 (光绪十五年) 授官位内阁中书，后晋升为侍读。曾经成为张之洞幕僚中的一员，在北京任职期间经常写信向张之洞秘密汇报朝中动态。中日甲午战争时，主张集精兵猛将大举援救，保卫天津与塘沽。1895年参与发起强学会。强学会被清政府封禁后，又联合强国会中的有志人士抗争。清廷在强学会旧址基础上设立官书局，任命他为参与选书人员。1898年春在京创立蜀学会，并开办蜀学堂，以张之洞的《劝

学篇》为指南，曾学习中学和西学。4月成
为保国会中的一员。在百日维新中受到光
绪皇帝的召见，被赏赐四品官衔，在军机
章京上活动，参与维新变法的新政。与康
有为是好朋友，但对推行维新变法主张
有许多不同意见，攻击康有为有许多不切
实际的想法和做法，并声称要对维新变
法进行适当的抑制。戊戌政变时被捕，
张之洞曾进行营救，但不及时，被杀害。
遗留下来的著作被编为《杨叔峤文集》和
《杨叔峤诗集》。

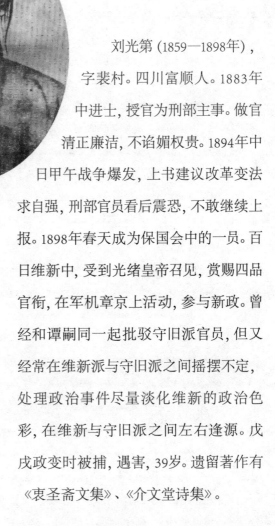

刘光第（1859—1898年），字裴村。四川富顺人。1883年中进士，授官为刑部主事。做官清正廉洁，不谄媚权贵。1894年中日甲午战争爆发，上书建议改革变法求自强，刑部官员看后震恐，不敢继续上报。1898年春天成为保国会中的一员。百日维新中，受到光绪皇帝召见，赏赐四品官衔，在军机章京上活动，参与新政。曾经和谭嗣同一起批驳守旧派官员，但又经常在维新派与守旧派之间摇摆不定，处理政治事件尽量淡化维新的政治色彩，在维新与守旧派之间左右逢源。戊戌政变时被捕，遇害，39岁。遗留著作有《衷圣斋文集》、《介文堂诗集》。